攸宁——主编

妙语连珠

北京燕山出版社

图书在版编目（CIP）数据

妙语连珠 / 攸宁主编 . — 北京：北京燕山出版社，
2025. 6. -- ISBN 978-7-5402-7630-0

Ⅰ . H136.4-49

中国国家版本馆 CIP 数据核字第 2025LN9761 号

妙语连珠

主　　编	攸　宁
责任编辑	杨春光
封面设计	创巢视觉
出版发行	北京燕山出版社有限公司
社　　址	北京市西城区椿树街道琉璃厂西街 20 号
邮　　编	100052
电话传真	86-10-65240430（总编室）
印　　刷	三河市万龙印装有限公司
开　　本	720mm×1020mm　1/16
字　　数	90 千字
印　　张	9
版　　次	2025 年 6 月第 1 版
印　　次	2025 年 6 月第 1 次印刷
定　　价	48.00 元
发 行 部	010-58815874
传　　真	010-58815857

如果发现印装质量问题，影响阅读，请与印刷厂联系调换。

前言

PREFACE

当巷尾坊间的俚语俗话，遇见文人墨客的诗词佳句，便是一场跨越千年的心意相通——前者是人间烟火淬炼的结晶，后者是精神高处的凝望，两者相映成趣，共同织就了中华文明鲜活的纹理。这本书，便是一座架设在"白话"与"妙语"之间的桥，让市井智慧与大家笔墨在此相逢，碰撞出令人会心一笑的璀璨星火。

诗意落地：从云端到人间的文字旅行

古人常叹"诗到无人爱处工"，却不知真正的诗意随处充盈。苏轼"回首向来萧瑟处，归去，也无风雨也无晴"的释然，在民间化作"看开了，放下了"的洒脱；黄檗禅师"不经一番寒彻骨，怎得梅花扑鼻香"的激励，被百姓说成"没有人能随随便便成功"的直白。

本书的对照，不是让诗词佳句俯就白话，亦非令白话攀附诗词佳句，而是揭示一个真相：一是，雅与俗，本是一体两面。二是，简与繁，皆是智慧的结晶。

当我们读到"雪后初晴"与"晨起开门雪满山，雪晴云淡日光寒"的遥相呼应，便会懂得：文人用典，百姓说理，不过是用不同的语法书写同一种人生。

古今对话：让经典活在当下的唇齿之间

本书不止是白话与妙语的对照与注解，更在于要激活传统文化在当代的生命力。

当年轻人感叹"内卷"时，"草堂春睡足，窗外日迟迟"的罗贯中式洒脱，或许能成为一剂解药；当社交媒体充斥"摆烂"自嘲时，陆游"山重水复疑无路，柳暗花明又一村"的达观，恰是破局之光；甚至网络热词"破防"，竟与文天祥"镜里朱颜都变尽，只有丹心难灭"的赤诚血脉相通。

妙语连珠：重构属于每个人的文化记忆

翻开这本书，我们将会收获：一，一把钥匙：用"当局者迷"解锁"不识庐山真面目"的哲学意境；二，一面镜子：在"人靠衣装"与"腹有诗书气自华"的对照中，照见内在与外在的辩证；三，一座桥梁：让"家和万事兴"的朴素愿望，与"老妻画纸为棋局"的诗意温情悄然相连。

编者特意采用"白话引路，妙语点睛"的编排体例，以数百组鲜活对照，按风景、惜时、抒怀、明志、处世、交往、生活、祝福等主题编织成章，揭示白话与诗词佳句跨越时空的精神共鸣。

当白话的晨露润泽妙语的根脉，我们将会发现：那些曾被束之高阁的文字，本就是流淌在我们血脉中的月光。白话的解读，让诗词佳句变得亲切易懂，仿佛古人就在我们身边，在分享他们的喜怒哀乐。原来，诗意的灵魂，从未离开过人间。

目 录
CONTENTS

看山河，万物成诗

白话 春雪纷飞。

妙语 白雪却嫌春色晚，故穿庭树作飞花。

✎ 我来写一句 --

白话 绿柳如烟，红杏满枝。

妙语 绿杨烟外晓寒轻，红杏枝头春意闹。

✎ 我来写一句 --

白话 柳枝发芽了。

妙语 碧玉妆成一树高，万条垂下绿丝绦。

✎ 我来写一句 --

白话 一场及时雨。

妙语 好雨知时节，当春乃发生。

✎ 我来写一句 --

白话 早春，细雨蒙蒙。

妙语 天街小雨润如酥，草色遥看近却无。

✎ 我来写一句 --

白话 春天来了。

妙语 竹外桃花三两枝，春江水暖鸭先知。

✎ 我来写一句 --

白话 春天，到处弥漫着花草的香味。

妙语 迟日江山丽，春风花草香。

✎ 我来写一句 _____

白话 春天到了，到处生机勃勃。

妙语 山中兰叶径，城外李桃园。

✎ 我来写一句 _____

白话 清晨，窗外处处是鸟鸣声。

妙语 春眠不觉晓，处处闻啼鸟。

✎ 我来写一句 _____

白话 下雨潮水涨得很急。

妙语 春潮带雨晚来急，野渡无人舟自横。

✎ 我来写一句 _____

白话 江南风景秀丽。

妙语 日出江花红胜火，春来江水绿如蓝。

✎ 我来写一句 _____

白话 百花争艳。

妙语 等闲识得东风面，万紫千红总是春。

✎ 我来写一句 _____

白话 花瓣随风飘落。

妙语 一片花飞减却春，风飘万点正愁人。

✒ 我来写一句 ....

白话 柳絮漫天飞舞。

妙语 颠狂柳絮随风舞，轻薄桃花逐水流。

✒ 我来写一句 ....

白话 各有各的美。

妙语 苔花如米小，也学牡丹开。

✒ 我来写一句 ....

白话 雨过天晴。

妙语 云销雨霁，彩彻区明。

✒ 我来写一句 ....

白话 夏日的荷塘美如画。

妙语 接天莲叶无穷碧，映日荷花别样红。

✒ 我来写一句 ....

白话 荷花盛开。

妙语 小荷才露尖尖角，早有蜻蜓立上头。

✒ 我来写一句 ....

(白话) 荷塘的景色真美啊!

(妙语) 惟有绿荷红菡萏,卷舒开合任天真。

✎ 我来写一句 _____

(白话) 夏日处处是美景。

(妙语) 绿树阴浓夏日长,楼台倒影入池塘。

✎ 我来写一句 _____

(白话) 绿树成荫,清凉舒适。

(妙语) 榆柳荫后檐,桃李罗堂前。

✎ 我来写一句 _____

(白话) 夏天的田野,生机盎然。

(妙语) 绿遍山原白满川,子规声里雨如烟。

✎ 我来写一句 _____

(白话) 雨后,彩虹横跨山谷。

(妙语) 断虹霁雨,净秋空,山染修眉新绿。

✎ 我来写一句 _____

(白话) 晴空万里无云,没有一丝风。

(妙语) 风烟俱净,天山共色。

✎ 我来写一句 _____

白话 月夜的景色格外怡人。

妙语 星垂平野阔，月涌大江流。

✎ 我来写一句 --

白话 月光洒满静谧的庭院。

妙语 庭下如积水空明，水中藻荇交横。

✎ 我来写一句 --

白话 蝉声阵阵，鸟鸣声声。

妙语 蝉噪林逾静，鸟鸣山更幽。

✎ 我来写一句 --

白话 月夜微风轻拂，蝉鸣声阵阵。

妙语 明月别枝惊鹊，清风半夜鸣蝉。

✎ 我来写一句 --

白话 大雨突然降临。

妙语 黑云翻墨未遮山，白雨跳珠乱入船。

✎ 我来写一句 --

白话 雷声滚滚，暴雨如注。

妙语 雷声千嶂落，雨色万峰来。

✎ 我来写一句 --

白话 一夜小雨。

妙语 随风潜入夜，润物细无声。

我来写一句 _____

白话 夜里飘落了几点小雨，月亮朦胧不明。

妙语 数点雨声风约住，朦胧淡月云来去。

我来写一句 _____

白话 青苔翠绿，青草如茵。

妙语 苔痕上阶绿，草色入帘青。

我来写一句 _____

白话 雨后空气清新。

妙语 空山新雨后，天气晚来秋。

我来写一句 _____

白话 黄叶满山飘。

妙语 况属高风晚，山山黄叶飞。

我来写一句 _____

白话 枫叶红了。

妙语 停车坐爱枫林晚，霜叶红于二月花。

我来写一句 _____

白话 落叶铺满庭院。

妙语 桐庭多落叶，慨然知已秋。

我来写一句 _____

白话 到处都是丰收的景象。

妙语 梅子金黄杏子肥，麦花雪白菜花稀。

我来写一句 _____

白话 菊花在秋霜中开放。

妙语 不是花中偏爱菊，此花开尽更无花。

我来写一句 _____

白话 晚霞染红了天空。

妙语 落霞与孤鹜齐飞，秋水共长天一色。

我来写一句 _____

白话 树叶下落，江水奔腾。

妙语 无边落木萧萧下，不尽长江滚滚来。

我来写一句 _____

白话 衣衫被夜露打湿了。

妙语 道狭草木长，夕露沾我衣。

我来写一句 _____

白话 清晨，大雾笼罩田野。

妙语 天接云涛连晓雾，星河欲转千帆舞。

✎ 我来写一句 _____

白话 竟然下雪了。

妙语 忽如一夜春风来，千树万树梨花开。

✎ 我来写一句 _____

白话 梅花开了。

妙语 墙角数枝梅，凌寒独自开。

✎ 我来写一句 _____

白话 月影婆娑，梅花的气味在空中扩散。

妙语 疏影横斜水清浅，暗香浮动月黄昏。

✎ 我来写一句 _____

白话 大雪漫山。

妙语 千山鸟飞绝，万径人踪灭。

✎ 我来写一句 _____

白话 雪后初晴。

妙语 晨起开门雪满山，雪晴云淡日光寒。

✎ 我来写一句 _____

白话 冬日暖阳。

妙语 杲杲冬日光，明暖真可爱。

✎ 我来写一句 _____

白话 野草生命力顽强。

妙语 离离原上草，一岁一枯荣。

✎ 我来写一句 _____

白话 险峻高山直插云霄。

妙语 连峰去天不盈尺，枯松倒挂倚绝壁。

✎ 我来写一句 _____

白话 鱼儿在水中嬉戏，鸟儿在林间嬉闹。

妙语 水清石出鱼可数，林深无人鸟相呼。

✎ 我来写一句 _____

白话 小路弯曲，景色幽静。

妙语 曲径通幽处，禅房花木深。

✎ 我来写一句 _____

白话 松树挺立在悬崖边。

妙语 风声一何盛，松枝一何劲。

✎ 我来写一句 _____

白话 秋天的山林，景色宜人。

妙语 **树树皆秋色，山山唯落晖。**

✎ 我来写一句 ┈┈┈┈┈┈┈┈┈┈┈┈┈┈┈┈┈┈┈┈┈┈┈┈┈┈┈┈┈┈┈┈

白话 亭台楼阁错落有致。

妙语 **楼阁玲珑五云起，其中绰约多仙子。**

✎ 我来写一句 ┈┈┈┈┈┈┈┈┈┈┈┈┈┈┈┈┈┈┈┈┈┈┈┈┈┈┈┈┈┈┈┈

白话 山谷传来回声。

妙语 **空山不见人，但闻人语响。**

✎ 我来写一句 ┈┈┈┈┈┈┈┈┈┈┈┈┈┈┈┈┈┈┈┈┈┈┈┈┈┈┈┈┈┈┈┈

白话 山路蜿蜒。

妙语 **远上寒山石径斜，白云生处有人家。**

✎ 我来写一句 ┈┈┈┈┈┈┈┈┈┈┈┈┈┈┈┈┈┈┈┈┈┈┈┈┈┈┈┈┈┈┈┈

白话 寺中楼宇高耸。

妙语 **危楼高百尺，手可摘星辰。**

✎ 我来写一句 ┈┈┈┈┈┈┈┈┈┈┈┈┈┈┈┈┈┈┈┈┈┈┈┈┈┈┈┈┈┈┈┈

白话 我喜爱大自然的风物。

妙语 **少无适俗韵，性本爱丘山。**

✎ 我来写一句 ┈┈┈┈┈┈┈┈┈┈┈┈┈┈┈┈┈┈┈┈┈┈┈┈┈┈┈┈┈┈┈┈

白话 小桥流水，景色如画。

妙语 小桥流水人家，古道西风瘦马。

我来写一句 --

白话 有山有树有美景。

妙语 绿树村边合，青山郭外斜。

我来写一句 --

白话 瀑布飞泻而下。

妙语 飞流直下三千尺，疑是银河落九天。

我来写一句 --

白话 瀑布奔流而下，十分壮观。

妙语 虚空落泉千仞直，雷奔入江不暂息。

我来写一句 --

白话 山间云雾缭绕。

妙语 云青青兮欲雨，水澹澹兮生烟。

我来写一句 --

白话 山涧不时传来鸟鸣声。

妙语 月出惊山鸟，时鸣春涧中。

我来写一句 --

白话 泉水缓缓地流淌。

妙语 泉眼无声惜细流，树阴照水爱晴柔。

✎ 我来写一句 _____

白话 月下听泉。

妙语 明月松间照，清泉石上流。

✎ 我来写一句 _____

白话 江水滔滔，青山时隐时现。

妙语 江流天地外，山色有无中。

✎ 我来写一句 _____

白话 夕阳染红了江面。

妙语 一道残阳铺水中，半江瑟瑟半江红。

✎ 我来写一句 _____

白话 丘陵连绵不断。

妙语 平芜尽处是春山，行人更在春山外。

✎ 我来写一句 _____

白话 一轮明月在云海间穿行。

妙语 明月出天山，苍茫云海间。

✎ 我来写一句 _____

(白话) 明亮的月光洒在庭院中。

(妙语) 床前明月光，疑是地上霜。

✎ 我来写一句 _____

(白话) 河水泛起层层波浪。

(妙语) 微微风簇浪，散作满河星。

✎ 我来写一句 _____

(白话) 月光洒满整个江面。

(妙语) 春江潮水连海平，海上明月共潮生。

✎ 我来写一句 _____

(白话) 月光洒在湖面上，波光粼粼。

(妙语) 湖光秋月两相和，潭面无风镜未磨。

✎ 我来写一句 _____

(白话) 月光洒在江面上。

(妙语) 野旷天低树，江清月近人。

✎ 我来写一句 _____

(白话) 水天相接，一轮明月高悬。

(妙语) 江天一色无纤尘，皎皎空中孤月轮。

✎ 我来写一句 _____

白话 江涛滚滚，气势磅礴。

妙语 惊涛来似雪，一坐凛生寒。

✒ 我来写一句 --

白话 江水清澈，景色宜人。

妙语 江碧鸟逾白，山青花欲燃。

✒ 我来写一句 --

白话 滚滚长江向东流。

妙语 大江东去，浪淘尽，千古风流人物。

✒ 我来写一句 --

白话 长江水奔流不息。

妙语 孤帆远影碧空尽，唯见长江天际流。

✒ 我来写一句 --

白话 黄河波涛翻滚，奔腾不息。

妙语 黄河之水天上来，奔流到海不复回。

✒ 我来写一句 --

白话 黄河之水汹涌而来。

妙语 九曲黄河万里沙，浪淘风簸自天涯。

✒ 我来写一句 --

叹光阴，韶华不再

白话 时间过得真快啊！

妙语 未觉池塘春草梦，阶前梧叶已秋声。

我来写一句

白话 时间一去不复返。

妙语 盛年不重来，一日难再晨。

我来写一句

白话 美好的时光即将逝去。

妙语 夕阳无限好，只是近黄昏。

我来写一句

白话 人生如梦。

妙语 世事一场大梦，人生几度秋凉。

我来写一句

白话 不要看重物质享受，而应珍惜少年时光。

妙语 劝君莫惜金缕衣，劝君惜取少年时。

我来写一句

白话 过去的事无法挽回，要向前看。

妙语 往者不可谏，来者犹可追。

我来写一句

白话 不要错过机会。

妙语 花开堪折直须折，莫待无花空折枝。

✎ 我来写一句 ....

白话 岁月不饶人。

妙语 年年岁岁花相似，岁岁年年人不同。

✎ 我来写一句 ....

白话 时间都去哪儿了？

妙语 但屈指、西风几时来，又不道、流年暗中偷换。

✎ 我来写一句 ....

白话 时间不等人。

妙语 白日何短短，百年苦易满。

✎ 我来写一句 ....

白话 一晃就老了。

妙语 君不见高堂明镜悲白发，朝如青丝暮成雪。

✎ 我来写一句 ....

白话 最好的年华早已不在。

妙语 灯残瘦影孤，花落流年度，春去佳期误。

✎ 我来写一句 ....

⽩话 年轻时不努力，老了只能后悔。

妙语 **少壮不努力，老大徒伤悲。**

✎ 我来写一句 _____

⽩话 人生短暂。

妙语 **对酒当歌，人生几何？譬如朝露，去日苦多。**

✎ 我来写一句 _____

⽩话 时间流逝，无法挽回。

妙语 **百川东到海，何时复西归？**

✎ 我来写一句 _____

⽩话 把握当下的美好。

妙语 **且将新火试新茶，诗酒趁年华。**

✎ 我来写一句 _____

⽩话 青春短暂，要珍惜时光。

妙语 **青春须早为，岂能长少年。**

✎ 我来写一句 _____

⽩话 要好好珍惜时间。

妙语 **青轩桃李能几何，流光欺人忽蹉跎。**

✎ 我来写一句 _____

白话 时间就像流水，一去不复返。

妙语 去复去兮如长河，东流赴海无回波。

✎ 我来写一句 _____

白话 不要因玩乐而虚度光阴。

妙语 莫见长安行乐处，空令岁月易蹉跎。

✎ 我来写一句 _____

白话 要珍惜每一刻时光。

妙语 岁月如流水，须臾作老翁。

✎ 我来写一句 _____

白话 时间无情，生命短暂。

妙语 江畔何人初见月？江月何年初照人？

✎ 我来写一句 _____

白话 要珍惜时间，勤奋努力。

妙语 少年辛苦终身事，莫向光阴惰寸功。

✎ 我来写一句 _____

白话 要珍惜眼前的时光，不要随意浪费。

妙语 莫等闲，白了少年头，空悲切。

✎ 我来写一句 _____

白话 时间不会再来。

妙语 时无重至，华不再扬。

✎ 我来写一句 ....

白话 时间宝贵，失去的时间是用金钱买不回来的。

妙语 一寸光阴一寸金，寸金难买寸光阴。

✎ 我来写一句 ....

白话 要珍惜每一分每一秒。

妙语 逝者如斯夫，不舍昼夜。

✎ 我来写一句 ....

白话 时间过得太快了。

妙语 世间何物催人老，半是鸡声半马蹄。

✎ 我来写一句 ....

白话 要珍惜青春。

妙语 花有重开日，人无再少年。

✎ 我来写一句 ....

白话 不要虚度光阴。

妙语 少年易老学难成，一寸光阴不可轻。

✎ 我来写一句 ....

白话 岁月匆匆不等人。

妙语 光景不待人，须臾发成丝。

我来写一句--

白话 时光匆匆像流水。

妙语 岁月不居，时节如流。

我来写一句--

白话 时间能证明一切。

妙语 试玉要烧三日满，辨材须待七年期。

我来写一句--

白话 要充分利用时间。

妙语 不饱食以终日，不弃功于寸阴。

我来写一句--

白话 人生苦短，要珍惜时间。

妙语 人生忽如寄，寿无金石固。

我来写一句--

白话 过去的时光，无法再挽留。

妙语 弃我去者，昨日之日不可留。

我来写一句--

白话 人一生的时光极其短促。

妙语 天地者，万物之逆旅；光阴者，百代之过客。

我来写一句 --

白话 想得多不如立刻做。

妙语 临渊羡鱼，不如退而结网。

我来写一句 --

白话 犹豫会错失良机。

妙语 当断不断，反受其乱。

我来写一句 --

白话 做事不要拖拉。

妙语 今日事，今日毕，勿将今事待明日。

我来写一句 --

白话 日事日清。

妙语 若言姑待明朝至，明朝又有明朝事。

我来写一句 --

白话 拖延是成功的敌人。

妙语 明日复明日，明日何其多。我生待明日，万事成蹉跎。

我来写一句 --

白话 今天的拖延是明天的负担。

妙语 **今日不为，明日亡货。**

🖊 我来写一句 ....

白话 拖延是失败的开端。

妙语 **事者生于虑，成于务，失于傲。**

🖊 我来写一句 ....

诉衷肠，纸短情长

白话 往事不堪回首。

妙语 故山犹自不堪听，况半世、飘然羁旅。

我来写一句 _____

白话 人在他乡，泪湿衣裳。

妙语 故园东望路漫漫，双袖龙钟泪不干。

我来写一句 _____

白话 一口土话没变样，头发白得不像人。

妙语 少小离家老大回，乡音无改鬓毛衰。

我来写一句 _____

白话 战乱中收到家信手发抖。

妙语 烽火连三月，家书抵万金。

我来写一句 _____

白话 人在他乡，秋风一起就心乱如麻。

妙语 洛阳城里见秋风，欲作家书意万重。

我来写一句 _____

白话 哪怕天各一方，大家望着月亮都会想家。

妙语 共看明月应垂泪，一夜乡心五处同。

我来写一句 _____

白话 身在异乡，触景生情。

妙语 逢人渐觉乡音异，却恨莺声似故山。

✎ 我来写一句 _____

白话 思乡心切却身不由己。

妙语 鲈鱼正美不归去，空戴南冠学楚囚。

✎ 我来写一句 _____

白话 走遍天下路，最亲是故土。

妙语 故园松桂发，万里共清辉。

✎ 我来写一句 _____

白话 听到送别曲，思乡情更浓。

妙语 此夜曲中闻折柳，何人不起故园情。

✎ 我来写一句 _____

白话 再也回不到过去了。

妙语 欲买桂花同载酒，终不似，少年游。

✎ 我来写一句 _____

白话 相思深入骨髓。

妙语 玲珑骰子安红豆，入骨相思知不知。

✎ 我来写一句 _____

(白话) 思念之情无法排解。

(妙语) 此情无计可消除，才下眉头，却上心头。

我来写一句 _____

(白话) 相思让人不能自拔。

(妙语) 平生不会相思，才会相思，便害相思。

我来写一句 _____

(白话) 人隔千里，心在一起。

(妙语) 身无彩凤双飞翼，心有灵犀一点通。

我来写一句 _____

(白话) 写了信不知寄往何处。

(妙语) 欲寄彩笺兼尺素，山长水阔知何处？

我来写一句 _____

(白话) 无法团圆，整夜都在思念。

(妙语) 事关休戚已成空，万里相思一夜中。

我来写一句 _____

(白话) 思念如潮水，无法抑制。

(妙语) 海水梦悠悠，君愁我亦愁。

我来写一句 _____

白话 梦里都是你的身影。

妙语 昨夜闲潭梦落花，可怜春半不还家。

✎ 我来写一句 --

白话 我一直都在想你。

妙语 天涯地角有穷时，只有相思无尽处。

✎ 我来写一句 --

白话 我想你了。

妙语 一日不见兮，思之如狂。

✎ 我来写一句 --

白话 万分想念。

妙语 一日不见，如三秋兮。

✎ 我来写一句 --

白话 想你想得翻来覆去睡不着觉。

妙语 悠哉悠哉，辗转反侧。

✎ 我来写一句 --

白话 想你想得整个人都瘦脱相了。

妙语 衣带渐宽终不悔，为伊消得人憔悴。

✎ 我来写一句 --

(白话) 自从分别后，梦里不知多少回和你重逢。

(妙语) **从别后，忆相逢。几回魂梦与君同。**

✎ 我来写一句 --

(白话) 白天黑夜地惦记你。

(妙语) **求之不得，寤寐思服。**

✎ 我来写一句 --

(白话) 等见面了，要好好聊一聊。

(妙语) **何当共剪西窗烛，却话巴山夜雨时。**

✎ 我来写一句 --

(白话) 纯真的爱情值得用一生来守护。

(妙语) **问世间，情是何物，直教生死相许。**

✎ 我来写一句 --

(白话) 你有情我有意，才能过到老。

(妙语) **只愿君心似我心，定不负相思意。**

✎ 我来写一句 --

(白话) 能遇到你，所有的苦难都不值一提。

(妙语) **一笑相逢蓬海路，人间风月如尘土。**

✎ 我来写一句 --

白话 总有一些相遇是命中注定。

妙语 当时明月在，曾照彩云归。

🖋 我来写一句 --------------------------------

白话 在我心中，你是最美的。

妙语 何须浅碧深红色，自是花中第一流。

🖋 我来写一句 --------------------------------

白话 你站着不说话，就十分美好。

妙语 回头忍笑阶前立，总无语，也依依。

🖋 我来写一句 --------------------------------

白话 难得的好时光。

妙语 今夕复何夕，共此灯烛光。

🖋 我来写一句 --------------------------------

白话 真正的爱情，经得起时间的考验。

妙语 两情若是久长时，又岂在朝朝暮暮。

🖋 我来写一句 --------------------------------

白话 山倒河干，才会和你分开。

妙语 山无陵，江水为竭，冬雷震震，夏雨雪，天地合，乃敢与君绝。

🖋 我来写一句 --------------------------------

白话 要是能永远停留在初次相见的美好时刻，那该多好啊！

妙语 人生若只如初见，何事秋风悲画扇。

我来写一句 --

白话 爱不爱，自己知道。

妙语 花开花谢春不管，水暖水寒鱼自知。

我来写一句 --

白话 就因你回头那一眼，害我瞎琢磨。

妙语 只缘感君一回顾，使我思君朝与暮。

我来写一句 --

白话 默默相爱。

妙语 不得语，暗相思。两心之外无人知。

我来写一句 --

白话 我喜欢你，你却不知道。

妙语 山有木兮木有枝，心悦君兮君不知。

我来写一句 --

白话 因为遇见过你，其他人都成了将就。

妙语 曾经沧海难为水，除却巫山不是云。

我来写一句 --

白话 遇到很多人，没有谁比得上你。

妙语 春风十里扬州路，卷上珠帘总不如。

✎ 我来写一句 --

白话 不想让你走。

妙语 长安陌上无穷树，唯有垂杨管别离。

✎ 我来写一句 --

白话 不想说再见。

妙语 相见时难别亦难，东风无力百花残。

✎ 我来写一句 --

白话 人生就是不断地相聚，然后再不断地分别。

妙语 别来沧海事，语罢暮天钟。

✎ 我来写一句 --

白话 分手快乐。

妙语 一别两宽，各生欢喜。

✎ 我来写一句 --

白话 以后各走各的，没必要再联系。

妙语 从此音尘各悄然，春山如黛草如烟。

✎ 我来写一句 --

白话 我们不用再联系了。

妙语 此后锦书休寄，画楼云雨无凭。

✎ 我来写一句 --

白话 最悲伤的是你不告而别。

妙语 日暮酒醒人已远，满天风雨下西楼。

✎ 我来写一句 --

白话 逃避只会加深痛苦。

妙语 抽刀断水水更流，举杯销愁愁更愁。

✎ 我来写一句 --

白话 无法弥补的遗憾或痛苦将永远伴随。

妙语 天长地久有时尽，此恨绵绵无绝期。

✎ 我来写一句 --

白话 曾经没有好好珍惜，如今失去才追悔莫及。

妙语 此情可待成追忆，只是当时已惘然。

✎ 我来写一句 --

白话 谁能懂我？

妙语 泪眼问花花不语，乱红飞过秋千去。

✎ 我来写一句 --

(白话) 有谁明白我心里的想法?

(妙语) 横玉声中吹满地,好枝长恨无人寄。

✎ 我来写一句 —————————————————————————————————

(白话) 这世上没人懂我。

(妙语) 苍天不懂人情暖,冷眼看花尽是悲。

✎ 我来写一句 —————————————————————————————————

(白话) 真心不被理解。

(妙语) 我本将心向明月,奈何明月照沟渠。

✎ 我来写一句 —————————————————————————————————

(白话) 无人理解无人懂。

(妙语) 欲将心事付瑶琴,知音少,弦断有谁听。

✎ 我来写一句 —————————————————————————————————

(白话) 世事无常,难以预料。

(妙语) 明日隔山岳,世事两茫茫。

✎ 我来写一句 —————————————————————————————————

(白话) 内心迷茫,无处着手。

(妙语) 停杯投箸不能食,拔剑四顾心茫然。

✎ 我来写一句 —————————————————————————————————

白话 叶落人老，孤独凄凉。

妙语 **雨中黄叶树，灯下白头人。**

我来写一句 _____

白话 年龄越大越孤独。

妙语 **晓镜但愁云鬓改，夜吟应觉月光寒。**

我来写一句 _____

白话 与周遭格格不入。

妙语 **冠盖满京华，斯人独憔悴。**

我来写一句 _____

白话 行走坐卧，我都独自一人。

妙语 **独行独坐，独唱独酬还独卧。**

我来写一句 _____

白话 落寞至极。

妙语 **众鸟高飞尽，孤云独去闲。**

我来写一句 _____

白话 一段孤独的旅程。

妙语 **谁见幽人独往来，缥缈孤鸿影。**

我来写一句 _____

白话 儿行千里母担忧。

妙语 慈母倚门情，游子行路苦。

我来写一句 --

白话 漂泊无依。

妙语 飘飘何所似，天地一沙鸥。

我来写一句 --

言心志，即事抒怀

白话 人生就是一场旅行。

妙语 **人生如逆旅，我亦是行人。**

✎ 我来写一句 ....

白话 人呀，只能靠自己。

妙语 **万般皆苦，唯有自度。**

✎ 我来写一句 ....

白话 看开了，放下了。

妙语 **回首向来萧瑟处，归去，也无风雨也无晴。**

✎ 我来写一句 ....

白话 真是身不由己啊！

妙语 **长恨此身非我有，何时忘却营营。**

✎ 我来写一句 ....

白话 人生总是起起落落，要学会坦然面对。

妙语 **人生代代无穷已，江月年年望相似。**

✎ 我来写一句 ....

白话 人生苦短。

妙语 **人生天地间，忽如远行客。**

✎ 我来写一句 ....

(白话) 时间会治愈一切。

(妙语) 人生到处知何似，应似飞鸿踏雪泥。

✒ 我来写一句 --

(白话) 人生没有过不去的坎。

(妙语) 山高自有客行路，水深自有渡船人。

✒ 我来写一句 --

(白话) 吃过苦头才知道什么是甜，受过冷眼才懂得什么是暖。

(妙语) 人情辗转闲中看，客路崎岖倦后知。

✒ 我来写一句 --

(白话) 人总要学会长大。

(妙语) 不经一事，不长一智。

✒ 我来写一句 --

(白话) 晚一点也没关系。

(妙语) 莫道桑榆晚，为霞尚满天。

✒ 我来写一句 --

(白话) 强扭的瓜不甜。

(妙语) 命里有时终须有，命里无时莫强求。

✒ 我来写一句 --

(白话) 翻身上岸。

(妙语) 春风得意马蹄疾，一日看尽长安花。

✎ 我来写一句 --

(白话) 做人最重要的就是开心。

(妙语) 今朝有酒今朝醉，明日愁来明日愁。

✎ 我来写一句 --

(白话) 喜悦之情难以掩饰。

(妙语) 白日放歌须纵酒，青春作伴好还乡。

✎ 我来写一句 --

(白话) 终于自由了。

(妙语) 小舟从此逝，江海寄余生。

✎ 我来写一句 --

(白话) 活的是心态。

(妙语) 比上不足，比下有余。

✎ 我来写一句 --

(白话) 没根没底的，就别费功夫了。

(妙语) 皮之不存，毛将焉附！

✎ 我来写一句 --

白话 放下执念。

妙语 本来无一物，何处惹尘埃。

✒ 我来写一句 --

白话 我释怀了。

妙语 人生自在常如此，何事能妨笑口开？

✒ 我来写一句 --

白话 人生下半场拼的是心态。

妙语 是非成败转头空，青山依旧在，几度夕阳红。

✒ 我来写一句 --

白话 即使时间无情，内心也要繁花似锦。

妙语 岁华空冉冉，心曲且悠悠。

✒ 我来写一句 --

白话 我的痛苦无人能懂。

妙语 世间无限丹青手，一片伤心画不成。

✒ 我来写一句 --

白话 咬咬牙，就挺过去了。

妙语 北海虽赊，扶摇可接；东隅已逝，桑榆非晚。

✒ 我来写一句 --

（白话）辟谣要趁早。

（妙语）**一人传虚，万人传实。**

我来写一句

（白话）心静如水，即便身处喧嚣也能保持宁静。

（妙语）**心远地自偏。**

我来写一句

（白话）世界上没有十全十美的人。

（妙语）**尺有所短，寸有所长；物有所不足，智有所不明。**

我来写一句

（白话）还没有取得最后的胜利就去世了。

（妙语）**出师未捷身先死，长使英雄泪满襟。**

我来写一句

（白话）人这一生，匆匆而来，匆匆而去。

（妙语）**天地一逆旅，同悲万古尘。**

我来写一句

（白话）时间悄悄流逝。

（妙语）**闲云潭影日悠悠，物换星移几度秋。**

我来写一句

白话 年复一年，人逐渐老去。

妙语 今年花谢，明年花谢，白了人头。

我来写一句 _____

白话 什么都留不住。

妙语 一朝春尽红颜老，花落人亡两不知。

我来写一句 _____

白话 美景虽好，却无人观赏。

妙语 庭前芳树朝夕改，空驻妍华欲谁待。

我来写一句 _____

白话 相逢即别离。

妙语 相逢一醉是前缘，风雨散、飘然何处。

我来写一句 _____

白话 失去了才懂得珍惜。

妙语 赌书消得泼茶香，当时只道是寻常。

我来写一句 _____

白话 就算生活不如意，我照样微笑面对。

妙语 人生在世不称意，明朝散发弄扁舟。

我来写一句 _____

白话 美好的事物转瞬即逝。

妙语 大都好物不坚牢，彩云易散琉璃脆。

我来写一句

白话 好好享受每一天。

妙语 人生得意须尽欢，莫使金樽空对月。

我来写一句

白话 愁思满怀，独自落泪。

妙语 念天地之悠悠，独怆然而涕下。

我来写一句

白话 什么时候才能自由？

妙语 我问青山何日老，青山问我何时闲。

我来写一句

白话 已经不再年轻。

妙语 一曲啼乌心绪乱。红颜暗与流年换。

我来写一句

白话 让烦恼随风而去。

妙语 莫将闲事挂心头，便是人间好时节。

我来写一句

(白话) 一切都随着时间在不断地消逝。

(妙语) 世间行乐亦如此，古来万事东流水。

✎ 我来写一句 —————————————————————————————

(白话) 我们来日方长。

(妙语) 三愿如同梁上燕，岁岁长相见。

✎ 我来写一句 —————————————————————————————

(白话) 人生聚散无常。

(妙语) 明月几时有？把酒问青天。

✎ 我来写一句 —————————————————————————————

(白话) 天还没亮就悲伤地离家而去。

(妙语) 晨起动征铎，客行悲故乡。

✎ 我来写一句 —————————————————————————————

(白话) 何时才能回到故乡呢？

(妙语) 春风又绿江南岸，明月何时照我还。

✎ 我来写一句 —————————————————————————————

(白话) 我想家了。

(妙语) 举头望明月，低头思故乡。

✎ 我来写一句 —————————————————————————————

(白话) 太心酸了，我想暴富。

(妙语) 茶若醉人何须酒，唯有碎银解千愁。

✎ 我来写一句 _____

(白话) 借酒消愁。

(妙语) 何以解忧？唯有杜康。

✎ 我来写一句 _____

(白话) 独自在月下喝酒。

(妙语) 举杯邀明月，对影成三人。

✎ 我来写一句 _____

(白话) 漂泊在外，故乡始终是牵挂。

(妙语) 露从今夜白，月是故乡明。

✎ 我来写一句 _____

(白话) 家乡离得太远了。

(妙语) 人言落日是天涯，望极天涯不见家。

✎ 我来写一句 _____

(白话) 月光勾起童年的回忆。

(妙语) 小时不识月，呼作白玉盘。

✎ 我来写一句 _____

白话 人间的悲欢离合，谁又能躲得过？

妙语 人有悲欢离合，月有阴晴圆缺。

我来写一句 _____

白话 月下思念远方的亲人。

妙语 海上生明月，天涯共此时。

我来写一句 _____

白话 对亲人的思念及美好祝愿。

妙语 但愿人长久，千里共婵娟。

我来写一句 _____

白话 月圆之夜思念故土。

妙语 今夜月明人尽望，不知秋思落谁家。

我来写一句 _____

白话 人去景却在。

妙语 人面不知何处去，桃花依旧笑春风。

我来写一句 _____

白话 来得不是时候。

妙语 人道洛阳花似锦，偏我来时不遇春。

我来写一句 _____

白话 长大后，孤独成了常态。

妙语 等闲老去年华促，只有江梅伴幽独。

✎ 我来写一句 --

白话 一个人的孤独。

妙语 我歌月徘徊，我舞影零乱。

✎ 我来写一句 --

白话 一个人过节好孤单。

妙语 独在异乡为异客，每逢佳节倍思亲。

✎ 我来写一句 --

白话 我太难了！

妙语 行路难，行路难，多歧路，今安在？

✎ 我来写一句 --

白话 天大地大，我能去何处？

妙语 前不见古人，后不见来者。

✎ 我来写一句 --

白话 人倒霉时，喝水都塞牙。

妙语 屋漏偏逢连夜雨，船破又遇打头风。

✎ 我来写一句 --

白话 以前有多风光，现在就有多落魄。

妙语 记得金銮同唱第，春风上国繁华。如今薄宦老天涯。

✎ 我来写一句 _____

白话 一天闲得没事找事。

妙语 天下本无事，庸人自扰之。

✎ 我来写一句 _____

白话 人生太坎坷了。

妙语 时运不齐，命途多舛。

✎ 我来写一句 _____

白话 生命力真顽强。

妙语 野火烧不尽，春风吹又生。

✎ 我来写一句 _____

白话 自然美景尽收眼底。

妙语 采菊东篱下，悠然见南山。

✎ 我来写一句 _____

白话 人生真的很无奈。

妙语 人生不相见，动如参与商。

✎ 我来写一句 _____

白话 你的胸怀如黄河般阔大。

妙语 黄河落天走东海，万里写入胸怀间。

✎ 我来写一句 --

白话 人生路上，总有不期而遇的美好。

妙语 山重水复疑无路，柳暗花明又一村。

✎ 我来写一句 --

白话 生活中的美好，往往在不经意间错过。

妙语 众里寻他千百度。蓦然回首，那人却在，灯火阑珊处。

✎ 我来写一句 --

白话 心痛到无法呼吸。

妙语 寻寻觅觅，冷冷清清，凄凄惨惨戚戚。

✎ 我来写一句 --

白话 难过，想大哭一场。

妙语 问君能有几多愁？恰似一江春水向东流。

✎ 我来写一句 --

白话 岁月匆匆，青春不再。

妙语 流光容易把人抛，红了樱桃，绿了芭蕉。

✎ 我来写一句 --

白话 要风光一世，不要苟且偷生。

妙语 **宁为有闻而死，不为无闻而生。**

✎ 我来写一句 --

白话 心中有希望，生活处处有阳光。

妙语 **谁道人生无再少？门前流水尚能西。**

✎ 我来写一句 --

白话 不要庸人自扰。

妙语 **生年不满百，常怀千岁忧。**

✎ 我来写一句 --

白话 空有一身才能，却无处施展。

妙语 **虚负凌云万丈才，一生襟抱未曾开。**

✎ 我来写一句 --

白话 千万别让欲望毁了你的人生。

妙语 **万物安于知足，死于无厌。**

✎ 我来写一句 --

白话 才华终于被认可了。

妙语 **仰天大笑出门去，我辈岂是蓬蒿人。**

✎ 我来写一句 --

白话 终于解脱了。

妙语 两岸猿声啼不住，轻舟已过万重山。

✎ 我来写一句 --

白话 自由自在的多好。

妙语 羁鸟恋旧林，池鱼思故渊。

✎ 我来写一句 --

白话 换个角度，也许会发现美好。

妙语 不识庐山真面目，只缘身在此山中。

✎ 我来写一句 --

白话 你写得太棒了。

妙语 笔落惊风雨，诗成泣鬼神。

✎ 我来写一句 --

白话 老了，不中用了。

妙语 年在桑榆间，影响不能追。

✎ 我来写一句 --

白话 骨肉相残。

妙语 本是同根生，相煎何太急？

✎ 我来写一句 --

白话 没有新意。

妙语 堪笑翰林陶学士，年年依样画葫芦。

✎ 我来写一句 --

白话 吓死我了！

妙语 忽魂悸以魄动，恍惊起而长嗟。

✎ 我来写一句 --

白话 也不看看自己有几斤几两。

妙语 蚍蜉撼大树，可笑不自量。

✎ 我来写一句 --

立宏愿，行稳致远

白话 越努力，越幸运。

妙语 星光不问赶路人，岁月不负有心人。

✎ 我来写一句 --

白话 痛苦终会过去，美好在来的路上。

妙语 沉舟侧畔千帆过，病树前头万木春。

✎ 我来写一句 --

白话 前方无路，我就踏出一条路来。

妙语 无人扶我青云志，我自踏雪至山巅。

✎ 我来写一句 --

白话 死磕到底。

妙语 锲而不舍，金石可镂。

✎ 我来写一句 --

白话 坚守独立人格，才能成就真正的自我。

妙语 安能摧眉折腰事权贵，使我不得开心颜。

✎ 我来写一句 --

白话 只要努力，一切皆有可能。

妙语 只要功夫深，铁杵磨成针。

✎ 我来写一句 --

白话 是金子总会发光的。

妙语 自是桃李树，何患不成蹊？

我来写一句 _____

白话 坚定走自己的路。

妙语 莫听穿林打叶声，何妨吟啸且徐行。

我来写一句 _____

白话 记住当初为何出发，才能走到最后。

妙语 不忘初心，方得始终。

我来写一句 _____

白话 静待转机，顺势而为。

妙语 向来枉费推移力，此日中流自在行。

我来写一句 _____

白话 没有人能随随便便成功。

妙语 不经一番寒彻骨，怎得梅花扑鼻香。

我来写一句 _____

白话 要时刻保持警惕。

妙语 居安思危，思则有备，有备无患。

我来写一句 _____

白话 勇挑重担。

妙语 **为往圣继绝学，为万世开太平。**

🖊 我来写一句 --

白话 站得高，才能看得远。

妙语 **会当凌绝顶，一览众山小。**

🖊 我来写一句 --

白话 成就大事需要卓越的才华和顽强的意志。

妙语 **古之立大事者，不惟有超世之才，亦必有坚忍不拔之志。**

🖊 我来写一句 --

白话 有志向的人虽然年老，仍有雄心壮志。

妙语 **老骥伏枥，志在千里；烈士暮年，壮心不已。**

🖊 我来写一句 --

白话 少年是国家的未来，是民族的希望。

妙语 **少年强则国强，少年智则国智。**

🖊 我来写一句 --

白话 人要活得有价值。

妙语 **生当作人杰，死亦为鬼雄。**

🖊 我来写一句 --

白话 我是不会放弃的。

妙语 路漫漫其修远兮，吾将上下而求索。

✐ 我来写一句 _____

白话 人要不断磨砺自己。

妙语 宝剑锋从磨砺出，梅花香自苦寒来。

✐ 我来写一句 _____

白话 意志坚定，能克服一切困难。

妙语 精诚所至，金石为开。

✐ 我来写一句 _____

白话 只要坚持不懈，就能取得令人瞩目的成果。

妙语 骐骥一跃，不能十步；驽马十驾，功在不舍。

✐ 我来写一句 _____

白话 你要奋力拼搏，然后惊艳所有人。

妙语 鹏北海，凤朝阳。又携书剑路茫茫。明年此日青云去，
却笑人间举子忙。

✐ 我来写一句 _____

白话 只要付出，就会有收获。

妙语 春种一粒粟，秋收万颗子。

✐ 我来写一句 _____

(白话) 永不放弃，永不言败。

(妙语) 壮心未与年俱老，死去犹能作鬼雄。

✎ 我来写一句 --

(白话) 努力变得更好。

(妙语) 山不厌高，海不厌深。

✎ 我来写一句 --

(白话) 总有一天会成功的。

(妙语) 大鹏一日同风起，扶摇直上九万里。

✎ 我来写一句 --

(白话) 不论环境多么恶劣，都要坚持下去。

(妙语) 千磨万击还坚劲，任尔东西南北风。

✎ 我来写一句 --

(白话) 每个人都有自己的价值。

(妙语) 天生我材必有用，千金散尽还复来。

✎ 我来写一句 --

(白话) 时机一到，好事自然会发生。

(妙语) 玉在椟中求善价，钗于奁内待时飞。

✎ 我来写一句 --

白话 价值不在于外表，而在于内在的力量。

妙语 不要人夸好颜色，只留清气满乾坤。

✎ 我来写一句 _____

白话 年华虽逝，但热情不减当年。

妙语 镜里流年两鬓残，寸心自许尚如丹。

✎ 我来写一句 _____

白话 虽然居住的小屋简陋，但我品德高尚。

妙语 斯是陋室，惟吾德馨。

✎ 我来写一句 _____

白话 不图功名利禄，而在乎内心的富足。

妙语 事了拂衣去，深藏身与名。

✎ 我来写一句 _____

白话 我是不会轻易放弃的。

妙语 亦余心之所善兮，虽九死其犹未悔。

✎ 我来写一句 _____

白话 希望天下所有人都能过上好日子。

妙语 安得广厦千万间，大庇天下寒士俱欢颜。

✎ 我来写一句 _____

白话 每个人都应该具有责任感。

妙语 但愿苍生俱饱暖，不辞辛苦出山林。

我来写一句 --------------------------------

白话 人生志向与年龄大小没有必然联系。

妙语 有志不在年高，无志空活百岁。

我来写一句 --------------------------------

白话 男子汉要有远大的志向。

妙语 男子千年志，吾生未有涯。

我来写一句 --------------------------------

白话 男子汉要有建功立业的志向。

妙语 男儿何不带吴钩，收取关山五十州。

我来写一句 --------------------------------

白话 胸怀天下，忧国忧民。

妙语 先天下之忧而忧，后天下之乐而乐。

我来写一句 --------------------------------

白话 主动请缨，奔赴一线。

妙语 何日请缨提锐旅，一鞭直渡清河洛。

我来写一句 --------------------------------

白话 肩负保家卫国的使命。

妙语 了却君王天下事，赢得生前身后名。

✎ 我来写一句 ＿＿＿＿＿＿＿＿＿＿＿＿＿＿＿＿＿＿＿＿＿＿＿

白话 誓死报国。

妙语 镜里朱颜都变尽，只有丹心难灭。

✎ 我来写一句 ＿＿＿＿＿＿＿＿＿＿＿＿＿＿＿＿＿＿＿＿＿＿＿

白话 为国献身，毫不畏惧。

妙语 苟利国家生死以，岂因祸福避趋之！

✎ 我来写一句 ＿＿＿＿＿＿＿＿＿＿＿＿＿＿＿＿＿＿＿＿＿＿＿

白话 我爱我的国家，所以不怕流血牺牲。

妙语 人生自古谁无死，留取丹心照汗青。

✎ 我来写一句 ＿＿＿＿＿＿＿＿＿＿＿＿＿＿＿＿＿＿＿＿＿＿＿

白话 自己甘心为国效力。

妙语 闲居非吾志，甘心赴国忧。

✎ 我来写一句 ＿＿＿＿＿＿＿＿＿＿＿＿＿＿＿＿＿＿＿＿＿＿＿

白话 报国的心坚定不移。

妙语 臣心一片磁针石，不指南方不肯休。

✎ 我来写一句 ＿＿＿＿＿＿＿＿＿＿＿＿＿＿＿＿＿＿＿＿＿＿＿

(白)(话) 甘愿投身疆场，为国杀敌。

(妙语) 愿将腰下剑，直为斩楼兰。

我来写一句 _____

(白)(话) 打不赢这一仗不回家。

(妙语) 黄沙百战穿金甲，不破楼兰终不还。

我来写一句 _____

(白)(话) 振兴国家，是每一个人的责任。

(妙语) 天下兴亡，匹夫有责。

我来写一句 _____

(白)(话) 我敢一战。

(妙语) 会挽雕弓如满月，西北望，射天狼。

我来写一句 _____

(白)(话) 我命在我不在天。

(妙语) 歌曰人定兮胜天，半壁久无胡日月。

我来写一句 _____

(白)(话) 有目标才不会迷失。

(妙语) 志不立，天下无可成之事。

我来写一句 _____

白话 事情是逐步进行的。

妙语 千里之行，始于足下。

我来写一句 _____

白话 没有全局观念，局部也做不好。

妙语 不谋全局者，不足谋一域。

我来写一句 _____

白话 只顾眼前的人，连眼前的事也干不好。

妙语 不谋万世者，不足谋一时。

我来写一句 _____

长学识，读书明理

白话 要想写好文章，就要多读书。

妙语 **读书破万卷，下笔如有神。**

我来写一句 --

白话 知识的道路没有尽头，勤奋和刻苦是永恒的动力。

妙语 **书山有路勤为径，学海无涯苦作舟。**

我来写一句 --

白话 人要终身学习。

妙语 **问渠那得清如许？为有源头活水来。**

我来写一句 --

白话 学习没有年龄限制，应持续不断。

妙语 **活到老，学到老。**

我来写一句 --

白话 读书要趁早。

妙语 **黑发不知勤学早，白首方悔读书迟。**

我来写一句 --

白话 年轻时更应发奋学习。

妙语 **蹉跎莫遣韶光老，人生唯有读书好。**

我来写一句 --

白话 读书是最快乐的事。

妙语 养心莫若寡欲，至乐无如读书。

我来写一句 --------------------------------

白话 书籍是精神食粮。

妙语 饥读之以当肉，寒读之以当裘。

我来写一句 --------------------------------

白话 读书是进步的阶梯。

妙语 欲穷千里目，更上一层楼。

我来写一句 --------------------------------

白话 读书让人远离愚昧。

妙语 人不读书，其犹夜行。

我来写一句 --------------------------------

白话 生活中，处处都有学问。

妙语 世事洞明皆学问，人情练达即文章。

我来写一句 --------------------------------

白话 读书让人遇见更好的自己。

妙语 粗缯大布裹生涯，腹有诗书气自华。

我来写一句 --------------------------------

白话 人要不断地学习和提升自己。

妙语 **读书必专精不二，方见义理。**

✎ 我来写一句 ....

白话 既要有渊博的知识，又要有丰富的经验。

妙语 **读万卷书，行万里路。**

✎ 我来写一句 ....

白话 读书要注意方法和技巧。

妙语 **为学之道，莫先于穷理；穷理之要，必在于读书。**

✎ 我来写一句 ....

白话 读书要反复琢磨。

妙语 **旧书不厌百回读，熟读深思子自知。**

✎ 我来写一句 ....

白话 专注才能事半功倍。

妙语 **不一则不专，不专则不能。**

✎ 我来写一句 ....

白话 读书要专注，不能分心。

妙语 **目不能两视而明，耳不能两听而聪。**

✎ 我来写一句 ....

白话 读书要虚心求教。

妙语 三人行，必有我师焉。

✎ 我来写一句 _____

白话 互相讨论，取长补短。

妙语 如切如磋，如琢如磨。

✎ 我来写一句 _____

白话 学习和思考要相互结合。

妙语 学而不思则罔，思而不学则殆。

✎ 我来写一句 _____

白话 要带着问题去读，进而解决问题。

妙语 读书贵能疑，疑乃可以启信。读书在有渐，渐乃克底有成。

✎ 我来写一句 _____

白话 理论应与实践相结合。

妙语 坐谈则理高，行之则事阙。

✎ 我来写一句 _____

白话 读书要联系实际。

妙语 纸上得来终觉浅，绝知此事要躬行。

✎ 我来写一句 _____

(白话) 学习需点滴积累，持之以恒。

(妙语) **不积跬步，无以至千里。**

╲ 我来写一句 ....

(白话) 持续努力很重要。

(妙语) **业精于勤，荒于嬉。**

╲ 我来写一句 ....

(白话) 回顾过去，总结经验，然后将这些经验教授给他人。

(妙语) **温故而知新，可以为师矣。**

╲ 我来写一句 ....

(白话) 学问和技艺代代相传。

(妙语) **薪尽火传，不知其尽。**

╲ 我来写一句 ....

(白话) 要借鉴过去的经验和教训。

(妙语) **前事不忘，后事之师。**

╲ 我来写一句 ....

(白话) 从历史中汲取教训，以免重蹈覆辙。

(妙语) **秦人不暇自哀，而后人哀之。**

╲ 我来写一句 ....

白话 人才的培养不是一朝一夕可以完成的。

妙语 十年树木，百年树人。

我来写一句 --

白话 知识改变命运。

妙语 男儿欲遂平生志，六经勤向窗前读。

我来写一句 --

白话 读书可使心灵得到滋养，使视野变得开阔。

妙语 读书好处心先觉，立雪深时道已传。

我来写一句 --

白话 读书让人不断获得知识和精神上的满足。

妙语 外物之味，久则可厌；读书之味，愈久愈深。

我来写一句 --

白话 读书改变命运。

妙语 穷不读书，穷根难断；富不读书，富不长久。

我来写一句 --

白话 知识可以改变人的境况。

妙语 贫者因书富，富者因书贵。

我来写一句 --

白话 知识是最大的财富。

妙语 积财千万，无过读书。

我来写一句 _____

白话 经过长时间有准备的积累才能有所作为。

妙语 博观而约取，厚积而薄发。

我来写一句 _____

白话 读书学习是修身养性的重要途径。

妙语 立身以立学为先，立学以读书为本。

我来写一句 _____

白话 读书让人忘记时间。

妙语 读书不觉已春深，一寸光阴一寸金。

我来写一句 _____

白话 书读懂了才能体会到无穷乐趣。

妙语 惟有吟哦殊不倦，始知文字乐无穷。

我来写一句 _____

白话 读书不能求快。

妙语 读书切戒在慌忙，涵泳工夫兴味长。

我来写一句 _____

白话 读书是家风的根基。

妙语 忠厚传家久，诗书继世长。

📝 我来写一句 _____

白话 经历不同，思维方式各不相同。

妙语 千人同茶不同味，万人同道不同心。

📝 我来写一句 _____

白话 要善于听取人们的意见。

妙语 街谈巷说，必有可采。

📝 我来写一句 _____

学处世，正心修身

白话 淡定从容，顺其自然。

妙语 行到水穷处，坐看云起时。

我来写一句

白话 拥有一颗平常心。

妙语 宠辱不惊，看庭前花开花落；去留无意，望天上云卷云舒。

我来写一句

白话 保持内心的平和。

妙语 不以物喜，不以己悲。

我来写一句

白话 保持内心平静，不要被外界干扰。

妙语 非淡泊无以明志，非宁静无以致远。

我来写一句

白话 一切自有安排。

妙语 瓜熟蒂落，水到渠成。

我来写一句

白话 在闲适中找到人生真谛。

妙语 钟鼎山林都是梦，人间宠辱休惊，只消闲处遇平生。

我来写一句

(白话) 做人要谦虚低调。

(妙语) 满招损，谦受益。

✎ 我来写一句 --

(白话) 做人要谦虚，不可高傲自大。

(妙语) **虚心竹有低头叶，傲骨梅无仰面花。**

✎ 我来写一句 --

(白话) 每天都要反省。

(妙语) 君子博学而日参省乎己，则知明而行无过矣。

✎ 我来写一句 --

(白话) 时刻反思自己的行为，不断完善自己。

(妙语) 吾日三省吾身：为人谋而不忠乎？与朋友交而不信乎？
传不习乎？

✎ 我来写一句 --

(白话) 让自己越变越好。

(妙语) 日日知非，日日改过。

✎ 我来写一句 --

(白话) 以自省维持人生航向。

(妙语) 见善，修然必以自存也；见不善，愀然必以自省也。

✎ 我来写一句 --

白话 历史是一面镜子，给我们温暖和力量。

妙语 以铜为镜，可以正衣冠；以古为镜，可以知兴替；以人为镜，可以明得失。

我来写一句————————————————————————————

白话 及时纠偏止错。

妙语 悟已往之不谏，知来者之可追。

我来写一句————————————————————————————

白话 学习他人的优点，改正自己的错误。

妙语 见善则迁，有过则改。

我来写一句————————————————————————————

白话 关键技能重点学，问题陷阱及时避。

妙语 见贤思齐焉，见不贤而内自省也。

我来写一句————————————————————————————

白话 洗心革面，重新做人。

妙语 人之洗濯其心以去恶，如沐浴其身以去垢。

我来写一句————————————————————————————

白话 每个人都会犯错，能改就是好的。

妙语 惟以改过为能，不以无过为贵。

我来写一句————————————————————————————

白话 以要求别人的标准来要求自己，就会少犯过错。

妙语 以责人之心责己，则寡过。

我来写一句 _____

白话 要有自我保护意识。

妙语 害人之心不可有，防人之心不可无。

我来写一句 _____

白话 不要轻易发怒。

妙语 小不忍则乱大谋。

我来写一句 _____

白话 不要因为一个人的错误而迁怒他人。

妙语 不迁怒，不贰过。

我来写一句 _____

白话 做事要留余地。

妙语 话到嘴边留半句，事从理上让三分。

我来写一句 _____

白话 该坚持的原则要坚持。

妙语 不为五斗米折腰。

我来写一句 _____

(白话) 做人要有担当，不能逃避责任。

(妙语) **士不可以不弘毅，任重而道远。**

我来写一句 --

(白话) 要懂得感恩。

(妙语) **谁言寸草心，报得三春晖。**

我来写一句 --

(白话) 为人做事要善始善终。

(妙语) **靡不有初，鲜克有终。**

我来写一句 --

(白话) 贵在坚持。

(妙语) **行百里者半九十。**

我来写一句 --

(白话) 别翻旧账。

(妙语) **上船不思岸上人，下船不提船上事。**

我来写一句 --

(白话) 要有危机意识。

(妙语) **生于忧患而死于安乐。**

我来写一句 --

(白话) 要懂得避嫌。

(妙语) 瓜田不纳履，李下不正冠。

✎ 我来写一句 -

(白话) 帮助别人做好事，而不协助做坏事。

(妙语) 君子成人之美，不成人之恶。

✎ 我来写一句 -

(白话) 不要因为外界的诱惑而迷失自我。

(妙语) 不义而富且贵，于我如浮云。

✎ 我来写一句 -

(白话) 即使身处困境，也要坚守信念。

(妙语) 零落成泥碾作尘，只有香如故。

✎ 我来写一句 -

(白话) 其他的无所谓，只要不违背自己的意愿就行了。

(妙语) 衣沾不足惜，但使愿无违。

✎ 我来写一句 -

(白话) 阳光总在风雨后。

(妙语) 千淘万漉虽辛苦，吹尽狂沙始到金。

✎ 我来写一句 -

(白话) 即使是很小的恩惠，也要加倍回报。

(妙语) 滴水之恩，当涌泉相报。

我来写一句 _____

(白话) 团结就是力量。

(妙语) 天时不如地利，地利不如人和。

我来写一句 _____

(白话) 人经历的事多了，就更加懂得事理。

(妙语) 经事还谙事，阅人如阅川。

我来写一句 _____

(白话) 不要轻易许诺，许诺了就要做到。

(妙语) 言必信，行必果。

我来写一句 _____

(白话) 做人要有骨气。

(妙语) 宁可枝头抱香死，何曾吹落北风中。

我来写一句 _____

(白话) 人要活得有骨气、有尊严。

(妙语) 富贵不能淫，贫贱不能移，威武不能屈。

我来写一句 _____

⑥话 境界越高的人，活得越精彩。

妙语 不畏浮云遮望眼，自缘身在最高层。

✎ 我来写一句 _____

⑥话 别为难自己，做自己就好。

妙语 一人难顺百人意，百人难顺一人心。

✎ 我来写一句 _____

⑥话 克制自己，不冲动。

妙语 忍一时风平浪静，退一步海阔天空。

✎ 我来写一句 _____

⑥话 有格局的人活得洒脱，没境界的人总在算计。

妙语 君子坦荡荡，小人长戚戚。

✎ 我来写一句 _____

⑥话 礼尚往来。

妙语 投我以木桃，报之以琼瑶。

✎ 我来写一句 _____

⑥话 心胸宽广，不计较。

妙语 海纳百川，有容乃大。

✎ 我来写一句 _____

白话 不要迷失自我。

妙语 **不戚戚于贫贱，不汲汲于富贵。**

我来写一句

白话 人心换人心。

妙语 **爱人者，人恒爱之。**

我来写一句

白话 做人要诚实，不能欺骗他人。

妙语 **诚者，天之道也；思诚者，人之道也。**

我来写一句

白话 话多不如话少，话少不如话好。

妙语 **狂言千句如粪土，良言一句值千金。**

我来写一句

白话 不参与是非。

妙语 **宁坐小窗观浮云，不与他人论是非。**

我来写一句

白话 不参与世俗的纷争。

妙语 **羽衣常带烟霞色，不惹人间桃李花。**

我来写一句

白话 不与世俗同流合污。

妙语 **出淤泥而不染，濯清涟而不妖。**

我来写一句 _____

白话 不说别人是非，会免去很多麻烦。

妙语 **逢人不说人间事，便是人间无事人。**

我来写一句 _____

白话 人在做，天在看。

妙语 **君子慎独，不欺暗室。**

我来写一句 _____

白话 趁父母还在，一定要多尽孝。

妙语 **树欲静而风不止，子欲养而亲不待。**

我来写一句 _____

白话 长辈的经验值得虚心学习。

妙语 **不听老人言，吃亏在眼前。**

我来写一句 _____

白话 兄弟姐妹要互相扶持。

妙语 **兄弟阋于墙，外御其侮。**

我来写一句 _____

(白)(话) 教育孩子要言传身教。

(妙语) 爱子，教之以义方。

╲我来写一句 ---

(白)(话) 孩子成长需要耐心等待。

(妙语) 童孙未解供耕织，也傍桑阴学种瓜。

╲我来写一句 ---

(白)(话) 要学会宽容。

(妙语) 大肚能容，容天下难容之事。

╲我来写一句 ---

(白)(话) 还是纯天然的好。

(妙语) 清水出芙蓉，天然去雕饰。

╲我来写一句 ---

(白)(话) 随便答应的事，多半难办成。

(妙语) 轻诺必寡信，多易必多难。

╲我来写一句 ---

(白)(话) 不要轻易评价不了解的人。

(妙语) 未知全貌，不予置评。

╲我来写一句 ---

白话 低调做人，避免遭人嫉妒。

妙语 **木秀于林，风必摧之。**

✎ 我来写一句 _____

白话 凡事要适度。

妙语 **过满则溢，过刚则折。**

✎ 我来写一句 _____

白话 格局越大的人，越不争！

妙语 **夫唯不争，故天下莫能与之争。**

✎ 我来写一句 _____

白话 事情都有两面性。

妙语 **塞翁失马，焉知非福。**

✎ 我来写一句 _____

白话 真正厉害的人都懂得示弱。

妙语 **大智若愚，大巧若拙。**

✎ 我来写一句 _____

白话 要多方面听取意见，才能做出更明智的选择。

妙语 **兼听则明，偏信则暗。**

✎ 我来写一句 _____

(白话) 嘴甜心善人缘好。

(妙语) 美言可以市尊，美行可以加人。

✎ 我来写一句 --

(白话) 有错就改。

(妙语) 闻过则喜，知过不讳。

✎ 我来写一句 --

(白话) 话不说漂亮，传不过三条巷。

(妙语) 言之无文，行而不远。

✎ 我来写一句 --

(白话) 身正不怕影子歪。

(妙语) 清者自清，浊者自浊。

✎ 我来写一句 --

(白话) 适时沉默胜过雄辩。

(妙语) 此时无声胜有声。

✎ 我来写一句 --

(白话) 凡事提前做好准备。

(妙语) 磨刀不误砍柴工。

✎ 我来写一句 --

白话 优先级决定成败。

妙语 物有本末，事有终始。

✎ 我来写一句 ....

白话 别被琐事消耗精力。

妙语 将军赶路，不追小兔。

✎ 我来写一句 ....

白话 持续努力比突击更有效。

妙语 苟有恒，何必三更眠五更起。

✎ 我来写一句 ....

白话 今天不走，明天要跑。

妙语 闲时无计划，忙时多费力。

✎ 我来写一句 ....

白话 一天学一招，月底不心焦。

妙语 日知其所亡，月无忘其所能。

✎ 我来写一句 ....

白话 不断革新才是前进的动力。

妙语 苟日新，日日新，又日新。

✎ 我来写一句 ....

(白话) 挤时间就能超越别人。

(妙语) 早起三晨当一工。

✎ 我来写一句 --

(白话) 迷恋于所喜好的事物，会丧失进取向上的志气。

(妙语) 玩人丧德，玩物丧志。

✎ 我来写一句 --

(白话) 拒绝无效社交。

(妙语) 友不在多，得一人可胜百人。

✎ 我来写一句 --

(白话) 所有的开挂都是慢性发酵的产物。

(妙语) 勤学如春起之苗，不见其增，日有所长。

✎ 我来写一句 --

(白话) 保持专注不分心。

(妙语) 目察秋毫之末，耳不闻雷霆之声。

✎ 我来写一句 --

(白话) 混吃等死终将一事无成。

(妙语) 饱食终日，无所用心，难矣哉！

✎ 我来写一句 --

白话 辛劳可以振国，安逸等于慢性自杀。

妙语 忧劳可以兴国，逸豫可以亡身。

我来写一句 _____

白话 谨言慎行，少惹是非。

妙语 闭心自慎，终不失过兮。

我来写一句 _____

白话 管住自己的嘴，看好自己的心。

妙语 明是非者检人，思忧患者检身。

我来写一句 _____

白话 走好自己的路，做好自己的事。

妙语 省躬知任重，宁止冒荣非。

我来写一句 _____

白话 闷声发大财。

妙语 必求自反，蓄积厚而事业能伸。

我来写一句 _____

白话 一瓶子不响，半瓶子咣当。

妙语 君子泰而不骄，小人骄而不泰。

我来写一句 _____

(白话) 越是本事大的人，越懂得低头。

(妙语) **谦谦君子，卑以自牧。**

✎ 我来写一句 --

(白话) 接受意见，接纳批评。

(妙语) **闻善言则拜，告有过则喜。**

✎ 我来写一句 --

(白话) 过于性急反而不能达到目的。

(妙语) **欲速则不达。**

✎ 我来写一句 --

(白话) 人狂没好事。

(妙语) **虚心使人进步，骄傲使人落后。**

✎ 我来写一句 --

(白话) 不要被表面现象所迷惑。

(妙语) **都蔗虽甘，杖之必折；巧言虽美，用之必灭。**

✎ 我来写一句 --

(白话) 不因自己有才就看不起他人。

(妙语) **谦虚温谨，不以才地矜物。**

✎ 我来写一句 --

⑥话 与其抱怨，不如改变。

妙语 悔前莫如慎始，悔后莫如改图，徒悔无益也。

✒ 我来写一句 --

⑥话 在任何时候，都不能自我放纵。

妙语 树老怕空，人老怕松，戒空戒松，从严以终。

✒ 我来写一句 --

⑥话 要端正他人之行，必先端正自身。

妙语 凡诲人者，必先自省。

✒ 我来写一句 --

择友朋，慎交明辨

白话 真正的朋友，一个眼神就懂你。

妙语 人之相识，贵在相知，人之相知，贵在知心。

✎ 我来写一句 --

白话 距离无法阻隔真正的友情。

妙语 海内存知己，天涯若比邻。

✎ 我来写一句 --

白话 只有经历过困难，才知道谁是真正的朋友。

妙语 岁寒知松柏，患难见真情。

✎ 我来写一句 --

白话 场面兄弟遍街走，真心哥们儿没几个。

妙语 相识满天下，知心能几人。

✎ 我来写一句 --

白话 老朋友比新朋友更值得信赖。

妙语 衣不如新，人不如故。

✎ 我来写一句 --

白话 真正的朋友关系，平淡而持久。

妙语 君子之交淡若水，小人之交甘若醴。君子淡以亲，小人甘以绝。

✎ 我来写一句 --

(白话) 有你这个朋友，真好！

(妙语) **生不愿封万户侯，但愿一识韩荆州。**

✎ 我来写一句 --

(白话) 找到一个真正理解自己的人很难。

(妙语) **万两黄金容易得，知心一个也难求。**

✎ 我来写一句 --

(白话) 能共患难的才是真朋友。

(妙语) **刎颈之交。**

✎ 我来写一句 --

(白话) 真正的友情，不会因为时间而变淡。

(妙语) **久处不厌。**

✎ 我来写一句 --

(白话) 朋友之间，讲的是道义。

(妙语) **朋友，以义合者。**

✎ 我来写一句 --

(白话) 交心的朋友是最真诚的。

(妙语) **不结金张客，平生之交心相得。**

✎ 我来写一句 --

(白)(话) 好久不见。

(妙语) 去年花里逢君别，今日花开又一年。

我来写一句 --

(白)(话) 记得常联系。

(妙语) 今日乐相乐，别后莫相忘。

我来写一句 --

(白)(话) 你肯定会一路坦途的。

(妙语) 莫愁前路无知己，天下谁人不识君。

我来写一句 --

(白)(话) 你我心灵相通。

(妙语) 同声自相应，同心自相知。

我来写一句 --

(白)(话) 纵然身处乱世也要保持豁达。

(妙语) 乱离还奏乐，飘泊且听歌。

我来写一句 --

(白)(话) 粗茶淡饭，真心一片。

(妙语) 夜雨剪春韭，新炊间黄粱。

我来写一句 --

白话 今天不醉不归。

妙语 一生大笑能几回，斗酒相逢须醉倒。

✎ 我来写一句 --------------------------------

白话 出来约一杯。

妙语 晚来天欲雪，能饮一杯无？

✎ 我来写一句 --------------------------------

白话 感情深，一口闷。

妙语 浅酒欲邀谁劝，深情惟有君知。

✎ 我来写一句 --------------------------------

白话 啥时候再聚，边喝边聊。

妙语 何时一樽酒，重与细论文。

✎ 我来写一句 --------------------------------

白话 我们俩可以不分你我。

妙语 君有奇才我不贫。

✎ 我来写一句 --------------------------------

白话 一生中有一个真正理解自己的人就足够了。

妙语 人生得一知己足矣，斯世当以同怀视之。

✎ 我来写一句 --------------------------------

白话 不论结局如何，很高兴认识你。

妙语 三生有幸遇见你，纵使悲凉也是情。

我来写一句 _____

白话 身份悬殊却成为挚友。

妙语 贵贱结交心不移，唯有严陵及光武。

我来写一句 _____

白话 真正的友谊不分年龄。

妙语 人生交契无老少，论交何必先同调。

我来写一句 _____

白话 想谁梦见谁。

妙语 故人入我梦，相视涕阑干。

我来写一句 _____

白话 懂的都懂。

妙语 相视而笑，莫逆于心。

我来写一句 _____

白话 咱俩真是一对难兄难弟（妹）。

妙语 同是天涯沦落人，相逢何必曾相识。

我来写一句 _____

白话 懂我的人不用解释。

妙语 知我者谓我心忧，不知我者谓我何求。

🖊 我来写一句 --

白话 又见到了你，太高兴了。

妙语 正是江南好风景，落花时节又逢君。

🖊 我来写一句 --

白话 一别后难再聚。

妙语 劝君更尽一杯酒，西出阳关无故人。

🖊 我来写一句 --

白话 我就送你到这里了。

妙语 送君千里，终须一别。

🖊 我来写一句 --

白话 朋友间贵在真诚不虚伪。

妙语 人生贵相知，何必金与钱。

🖊 我来写一句 --

白话 学会相互包容。

妙语 水至清则无鱼，人至察则无徒。

🖊 我来写一句 --

白话 知己难寻，要倍加珍惜。

妙语 **山河不足重，重在遇知己。**

✎ 我来写一句 ....

白话 朋友有很多，知己没几个。

妙语 **春风满面皆朋友，欲觅知音难上难。**

✎ 我来写一句 ....

白话 答应朋友的事，一定要做到。

妙语 **与朋友交，言而有信。**

✎ 我来写一句 ....

白话 尊敬别人的人，别人也会一直尊敬他。

妙语 **敬人者，人恒敬之。**

✎ 我来写一句 ....

白话 好话暖人，坏话伤人。

妙语 **良言一句三冬暖，恶语伤人六月寒。**

✎ 我来写一句 ....

白话 待人接物要留有余地。

妙语 **逢人且说三分话，未可全抛一片心。**

✎ 我来写一句 ....

白话 礼物不一定要多贵重，心意到了就行。

妙语 千里送鹅毛，礼轻情意重。

✎ 我来写一句 --

白话 与优秀的人相处能提升自己。

妙语 友直，友谅，友多闻，益矣。

✎ 我来写一句 --

白话 抢话头，栽跟头。

妙语 侍于君子，不顾望而对，非礼也。

✎ 我来写一句 --

白话 朋友间要互相尊重。

妙语 己所不欲，勿施于人。

✎ 我来写一句 --

白话 原谅别人就是放过自己。

妙语 渡尽劫波兄弟在，相逢一笑泯恩仇。

✎ 我来写一句 --

白话 是人都会犯错，能改就是大本事。

妙语 人谁无过？过而能改，善莫大焉。

✎ 我来写一句 --

(白话) 我不和你一般见识。

(妙语) 常与同好争高下，不共傻瓜论短长。

我来写一句

(白话) 咱俩不是一路人。

(妙语) 道不同，不相为谋。

我来写一句

(白话) 我和你说不通。

(妙语) 井蛙不可语海，夏虫不可语冰。

我来写一句

(白话) 别人的隐私不要乱打听。

(妙语) 非礼勿视，非礼勿听。

我来写一句

(白话) 有样学样。

(妙语) 近朱者赤，近墨者黑。

我来写一句

(白话) 酒肉朋友不可深交。

(妙语) 世人结交须黄金，黄金不多交不深。

我来写一句

白话 这小子不值得共事。

妙语 竖子不足与谋。

我来写一句 _____

白话 远离负能量的人和环境。

妙语 居必择邻，交必良友。

我来写一句 _____

白话 警惕爱搬弄是非的人。

妙语 来说是非者，便是是非人。

我来写一句 _____

品生活，随性随心

白话 酒席好丰盛。

妙语 新糯酒香橙藕芽，锦鳞鱼紫蟹红虾。

✎ 我来写一句 --

白话 欢聚一堂，举杯共庆。

妙语 开琼筵以坐花，飞羽觞而醉月。

✎ 我来写一句 --

白话 过年啦！

妙语 爆竹声中一岁除，春风送暖入屠苏。

✎ 我来写一句 --

白话 正月十五闹元宵。

妙语 东风夜放花千树。更吹落、星如雨。

✎ 我来写一句 --

白话 元宵节人潮涌动。

妙语 祛服华妆着处逢，六街灯火闹儿童。

✎ 我来写一句 --

白话 清明祭扫。

妙语 清明时节雨纷纷，路上行人欲断魂。

✎ 我来写一句 --

白话 端午龙舟竞渡。

妙语 鼓声三下红旗开，两龙跃出浮水来。

✎ 我来写一句 --

白话 七夕夜里数星星。

妙语 天阶夜色凉如水，卧看牵牛织女星。

✎ 我来写一句 --

白话 重阳登高思亲人。

妙语 遥知兄弟登高处，遍插茱萸少一人。

✎ 我来写一句 --

白话 腊八熬粥香气满街。

妙语 今朝佛粥更相馈，更觉江村节物新。

✎ 我来写一句 --

白话 除夕守岁，合家欢聚。

妙语 儿童强不睡，相守夜欢哗。

✎ 我来写一句 --

白话 除夕彻夜不眠。

妙语 续明催画烛，守岁接长筵。

✎ 我来写一句 --

白话 除夕守岁。

妙语 **除夕更阑人不睡，厌禳钝滞迎新岁。**

✎ 我来写一句 _____

白话 家人围坐迎新年。

妙语 **团栾儿女，尽情灯火照围炉。**

✎ 我来写一句 _____

白话 世界这么大，我要去看看。

妙语 **五岳寻仙不辞远，一生好入名山游。**

✎ 我来写一句 _____

白话 什么时候做什么事。

妙语 **春生、夏长、秋收、冬藏，天之正也。**

✎ 我来写一句 _____

白话 一派繁华的景象。

妙语 **市列珠玑，户盈罗绮。**

✎ 我来写一句 _____

白话 慢一点，才能看见更好的风景。

妙语 **人闲桂花落，夜静春山空。**

✎ 我来写一句 _____

白话 忙里偷闲，感觉真是惬意。

妙语 东园载酒西园醉，摘尽枇杷一树金。

✎我来写一句 _____

白话 睡到自然醒。

妙语 草堂春睡足，窗外日迟迟。

✎我来写一句 _____

白话 懒得梳洗打扮。

妙语 懒起画蛾眉，弄妆梳洗迟。

✎我来写一句 _____

白话 享受此刻的惬意。

妙语 枕上欠伸犹懒起，更听檐外雨珊珊。

✎我来写一句 _____

白话 该玩就玩。

妙语 昼短苦夜长，何不秉烛游。

✎我来写一句 _____

白话 想做什么就做什么。

妙语 此时情绪此时天。无事小神仙。

✎我来写一句 _____

(白话) 倒春寒。

(妙语) 一夜风雨寒重返，重拾冬装褪春衫。

我来写一句 --

(白话) 四季与你温柔相伴。

(妙语) 春有百花秋有月，夏有凉风冬有雪。

我来写一句 --

(白话) 今晚老地方见。

(妙语) 月上柳梢头，人约黄昏后。

我来写一句 --

(白话) 约朋友见面被放鸽子。

(妙语) 有约不来过夜半，闲敲棋子落灯花。

我来写一句 --

(白话) 这路上车辆往来不绝。

(妙语) 车如流水马如龙。

我来写一句 --

(白话) 水果市场热闹非凡。

(妙语) 晓市众果集，枇杷盛满箱。

我来写一句 --

白话 人们在荷塘里欢快地劳动。

妙语 羌管弄晴，菱歌泛夜，嬉嬉钓叟莲娃。

我来写一句

白话 农民田间辛勤劳作。

妙语 锄禾日当午，汗滴禾下土。

我来写一句

白话 渔夫雨中垂钓。

妙语 青箬笠，绿蓑衣，斜风细雨不须归。

我来写一句

白话 小孩扑蝴蝶。

妙语 儿童急走追黄蝶，飞入菜花无处寻。

我来写一句

白话 母亲灯下缝补衣裳。

妙语 慈母手中线，游子身上衣。

我来写一句

白话 老翁躺躺椅摇扇纳凉。

妙语 纸屏石枕竹方床，手倦抛书午梦长。

我来写一句

白话 一家人和和美美的。

妙语 老妻画纸为棋局，稚子敲针作钓钩。

✎ 我来写一句 --

白话 傍晚，牛羊归圈了。

妙语 斜阳照墟落，穷巷牛羊归。

✎ 我来写一句 --

白话 今年肯定是个丰收年。

妙语 稻花香里说丰年，听取蛙声一片。

✎ 我来写一句 --

白话 鸡鸣狗吠，生机盎然。

妙语 狗吠深巷中，鸡鸣桑树颠。

✎ 我来写一句 --

白话 闲唠家常。

妙语 开轩面场圃，把酒话桑麻。

✎ 我来写一句 --

白话 一个家庭是否幸福，并不完全取决于经济状况。

妙语 家和贫也足，不义富多扰。

✎ 我来写一句 --

白话 请相信美好的事情正在发生。

妙语 律回岁晚冰霜少，春到人间草木知。

我来写一句 _____

白话 不要想太多，顾好眼前就行。

妙语 莫思身外无穷事，且尽生前有限杯。

我来写一句 _____

白话 以往的事，如今都成了人们闲聊的话题。

妙语 古今多少事，都付笑谈中。

我来写一句 _____

送祝福，皆得所愿

(白)(话) 生日快乐。

(妙语) 旦逢良辰，顺颂时宜。

我来写一句 _____

(白)(话) 岁岁平安。

(妙语) 一岁一礼，一寸欢喜。

我来写一句 _____

(白)(话) 万事如意。

(妙语) 岁岁常欢愉，万事皆胜意。

我来写一句 _____

(白)(话) 希望一切顺利。

(妙语) 所求皆所愿，所行皆坦途。

我来写一句 _____

(白)(话) 希望每一个愿望都能实现。

(妙语) 顺遂无虞，皆得所愿。

我来写一句 _____

(白)(话) 祝你永远十八岁！

(妙语) 月荏苒心依旧，青春永驻志未休。

我来写一句 _____

白话 愿你平安喜乐。

妙语 家和人兴百福至，事顺业旺万祥来。

我来写一句 _____

白话 祝你好事连连。

妙语 四季平安福星照，合家迎春喜乐多。

我来写一句 _____

白话 愿你青春永驻。

妙语 美人自古如名将，不许人间见白头。

我来写一句 _____

白话 希望你今年过得比去年好。

妙语 愿新年胜旧年。

我来写一句 _____

白话 祝你平安快乐。

妙语 岁岁平安日，年年如意春。

我来写一句 _____

白话 祝你幸福美满。

妙语 家和万事兴，爱满百年好。

我来写一句 _____

(白话) 祝你财源滚滚。

(妙语) 财源广进，金银满仓。

✎ 我来写一句 --

(白话) 祝你快乐无边。

(妙语) 笑口常开，好运常在。

✎ 我来写一句 --

(白话) 愿你心想事成。

(妙语) 心念通达诸愿遂，想望成真万事亨。

✎ 我来写一句 --

(白话) 愿你茁壮成长。

(妙语) 青青园中葵，朝露待日晞。

✎ 我来写一句 --

(白话) 祝你学有所成。

(妙语) 一举成名天下知。

✎ 我来写一句 --

(白话) 祝你日后大有作为。

(妙语) 青春岁月展宏图，成长路上步翩跹。

✎ 我来写一句 --

(白话) 愿你能取得非凡的成就。

(妙语) **龙腾九天，凤舞九霄。**

✎ 我来写一句 --

(白话) 祝你早日成才。

(妙语) **学富五车，才高八斗。**

✎ 我来写一句 --

(白话) 愿你创造出辉煌的人生。

(妙语) **如日中天，光芒万丈。**

✎ 我来写一句 --

(白话) 愿你功成名就。

(妙语) **明年此日青云去，却笑人间举子忙。**

✎ 我来写一句 --

(白话) 愿你不负韶华，未来可期。

(妙语) **长风破浪会有时，直挂云帆济沧海。**

✎ 我来写一句 --

(白话) 愿你前途一片光明。

(妙语) **鹰击天风壮，鹏飞海浪春。**

✎ 我来写一句 --

白话 祝你前途无量。

妙语 一鸣从此始，相望青云端。

我来写一句 ------------------------------------

白话 祝您福寿绵长。

妙语 福如东海长流水，寿比南山不老松。

我来写一句 ------------------------------------

白话 祝您健康长寿。

妙语 蟠桃捧日三千岁，古柏参天四十围。

我来写一句 ------------------------------------

白话 祝您百岁荣光。

妙语 人生不满公今满，世上难逢我竟逢。

我来写一句 ------------------------------------

白话 希望您生活幸福。

妙语 天增岁月人增寿，春满乾坤福满门。

我来写一句 ------------------------------------

白话 愿您身体健康，长长久久。

妙语 愿献南山寿，先开北海樽。

我来写一句 ------------------------------------

白话 祝您长寿。

妙语 古柏长春寿高百岁，蟠桃嘉会果熟千年。

我来写一句 _____

白话 祝您福泽深厚。

妙语 福如瑶母三千岁，寿比彭祖八百春。

我来写一句 _____

白话 愿您永远年轻。

妙语 松柏之茂，隆冬不衰。

我来写一句 _____

白话 祝您健康快乐。

妙语 年丰喜看花千树，人寿笑敬酒一杯。

我来写一句 _____

白话 祝您生活幸福。

妙语 幸福门前松柏秀，安乐堂上步履轻。

我来写一句 _____

白话 祝您笑口常开，幸福永远。

妙语 笑指南山作颂，喜倾北海为樽。

我来写一句 _____

白话 愿您如青松般挺拔。

妙语 青松寒不落，碧海阔逾澄。

✎ 我来写一句 --

白话 祝您年轻快乐。

妙语 耳聪目明无烦恼，笑对人生意从容。

✎ 我来写一句 --

白话 祝您万寿无疆。

妙语 北海开樽本园载酒，南山献寿东阁延宾。

✎ 我来写一句 --

白话 祝您长寿、安康。

妙语 福如东海，寿比南山。

✎ 我来写一句 --

白话 祝您福寿安康。

妙语 寿同松柏千年碧，品似芝兰一味清。

✎ 我来写一句 --

白话 祝您福气无边。

妙语 老当益壮春常在，人值升平福自多。

✎ 我来写一句 --

白话 祝您长寿不老。

妙语 瑶池春不老，寿域日初长（通常用以祝母寿）。

✒ 我来写一句 _____

白话 愿你们幸福一生。

妙语 桃之夭夭，灼灼其华。之子于归，宜其室家。

✒ 我来写一句 _____

白话 祝你们生活美满。

妙语 喜气满门迎燕尔，姻缘一线牵今生。

✒ 我来写一句 _____

白话 祝你们相守一生。

妙语 鸾凤和鸣迎喜气，百年好合永同心。

✒ 我来写一句 _____

白话 祝福你们共度余生。

妙语 一世良缘同地久，百年佳偶共天长。

✒ 我来写一句 _____

白话 新婚快乐。

妙语 喜气盈门迎贵客，祥光满院庆新婚。

✒ 我来写一句 _____

白话 夫妻应该相互扶持、相互理解。

妙语 **结发为夫妻，恩爱两不疑。**

✎ 我来写一句 --

白话 白头到老。

妙语 **执子之手，与子偕老。**

✎ 我来写一句 --

白话 相亲相爱一辈子。

妙语 **死生契阔，与子成说。**

✎ 我来写一句 --

白话 我愿与你共度余生。

妙语 **愿我如星君如月，夜夜流光相皎洁。**

✎ 我来写一句 --

白话 希望能遇到一个一心一意的人，与他携手到老。

妙语 **愿得一心人，白头不相离。**

✎ 我来写一句 --

白话 最美的时光，是有人陪伴。

妙语 **宜言饮酒，与子偕老。琴瑟在御，莫不静好。**

✎ 我来写一句 --

白话 恩恩爱爱，永远不分离。

妙语 在天愿作比翼鸟，在地愿为连理枝。

✐ 我来写一句 --

白话 愿你一切安好。

妙语 此时相望不相闻，愿逐月华流照君。

✐ 我来写一句 --

白话 无病无灾就是福。

妙语 年年康宁无忧愁，日日平安喜相随。

✐ 我来写一句 --